КАРТИРОВАНИЕ ПОТОКА СОЗДАНИЯ СТОИМОСТИ

Сокращение отходов и максимальная эффективность

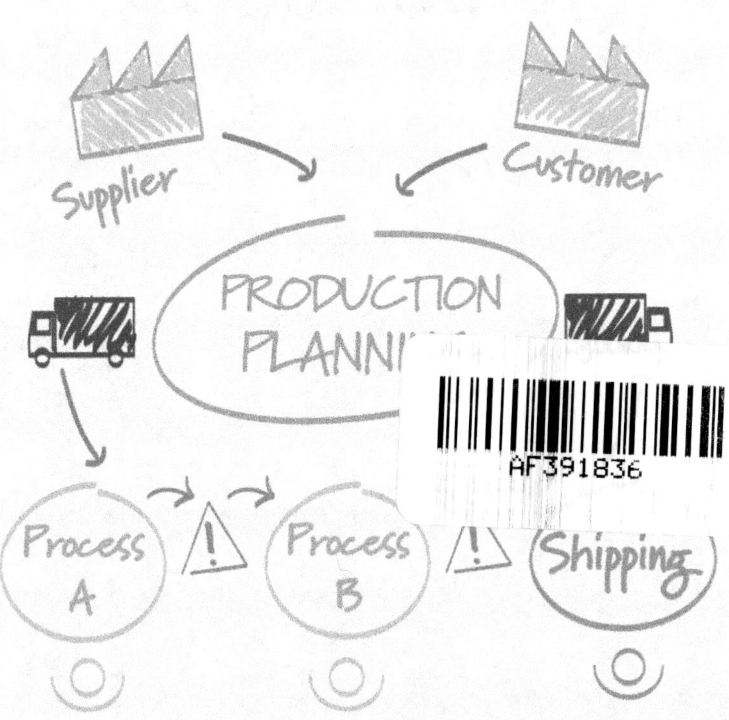

КАРТИРОВАНИЕ ПОТОКА СОЗДАНИЯ СТОИМОСТИ

Сокращение отходов и максимальная эффективность

написанный Johann Dumser
в переводе Nastia Abramov

КАРТИРОВАНИЕ ПОТОКА СОЗДАНИЯ СТОИМОСТИ

* **Названия:** картирование потока создания ценности (VSM), картирование материальных и информационных потоков.

* **Применение:** эта бумажная диаграмма включает все процессы производства и управления и позволяет пользователям сделать шаг назад от текущего рабочего процесса и реорганизовать его для повышения эффективности. Она используется для анализа совершенствования процессов, проектирования процессов и непрерывного совершенствования.

* **Почему она успешна?** В некоторых отраслях промышленности и консалтинговых услугах этот очень подробный инструмент картирования позволяет пользователям визуализировать и понять действия, предпринимаемые (компанией или отдельным человеком) с момента размещения клиентом заказа до момента получения им продукта или услуги.

* **Ключевые слова:**

  ○ <u>Постоянное совершенствование</u>: повышение эффективности работы компании путем регулярного внесения небольших улучшений.

  ○ <u>Кайдзен</u>: подход к управлению качеством через непрерывное совершенствование.

- Время выполнения: время, необходимое для производства или выполнения чего-либо.

- Бережливое управление: вид управления, в котором задействованы все работники и целью которого является устранение отходов, источников неэффективности, ингибиторов производительности и ненужных этапов в производственном процессе.

- Бережливое мышление: бизнес-методология, цель которой – обеспечить новый образ мышления. Этот тип управления подталкивает пользователей к анализу организации человеческой деятельности для увеличения прибыли и расширения возможностей людей путем устранения отходов.

- Картирование: представление функционирования организации в виде диаграммы.

- Производственная цепочка создания стоимости: этапы производственного процесса для продукта или услуги, расположенные в хронологическом порядке.

- Стратегии "тяни-толкай": это означает предложение продукта клиенту (тяни-толкай) или предоставление клиенту того, что он просит (тяни-толкай).

Переживает ли компания период кризиса или роста, она всегда должна иметь точное представление о потоке продукции и соответствующих каналах связи. Это представление должно охватывать весь процесс производства каждого продукта, чтобы можно было оптимизировать эффективность.

Поскольку все предприятия, от стартапов, малых и средних предприятий до транснациональных корпораций, стремятся к максимизации прибыли, все больше и больше руководителей внедряют бережливый подход, который предполагает систематическое устранение отходов в производственных процессах.

Мы все можем задуматься о том, как выполняются действия на нашем уровне в компании. Хотя важно и даже необходимо уметь регулярно задавать себе вопросы как нечто само собой разумеющееся, мы должны осознавать, что зачастую наибольшие проблемы вызывает не то, чего мы не знаем, а то, что мы ошибочно считаем истиной.

Следуя этой логике, в некоторых крупных международных компаниях были созданы отделы, известные как офисы управления проектами. Их цель – стандартизация языка, используемого в различных отделах, и координация проектов для стимулирования непрерывного совершенствования. Из этой совместной конструктивной синергии вытекает единая методология: каждого сотрудника просят использовать четкий язык, который разделяется всеми во всех начатых инициативах, с целью значительного повышения ценности для конечного клиента.

Для того чтобы оставаться конкурентоспособной (то есть добиться более высокого качества, снизить производственные затраты или ускорить производственный цикл), организация будет выбирать между несколькими доступными методами. Одним из них является картирование потока создания ценности, которое является одним из наиболее успешных инструментов бережливого производства, поскольку в нем используется простая диаграмма для сознательного выделения областей для улучшения и возможностей.

ОПРЕДЕЛЕНИЕ КАРТИРОВАНИЯ ПОТОКА СОЗДАНИЯ ЦЕННОСТИ

Картирование потока создания стоимости предполагает представление операций, информационных потоков и процессов обработки данных в виде диаграммы.

Он обеспечивает реалистичный обзор операций на местах, а не в том виде, в котором они изложены в процедурах компании. VSM всегда проводится как часть анализа процессов компании. Анализ процессов может быть навязан высшим руководством, операционным менеджером или менеджером по качеству для повышения эффективности или предложен поставщиками услуг (например, консультантом по улучшению) для выявления ранее не выявленных возможностей.

В идеальном мире все изменения процесса сопровождались бы проверкой или даже пересмотром, если это необходимо, чтобы выяснить, нужно ли вносить изменения в рабочий процесс.

 ## Отходы по мнению Тайити Оно

Японский инженер и бизнесмен Тайити Оно (1912-1990), считающийся основателем производственной системы Toyota, в своей книге "*Производственная*

система Toyota" определил семь источников отходов (по-японски – *muda*): *За пределами крупномасштабного производства* (1988). С тех пор их число расширилось до восьми источников отходов:

перепроизводство, то есть производство раньше, быстрее или в большем количестве, чем просил заказчик;

запасы, которые включают в себя запасы первичных материалов, продуктов трубопровода и готовой продукции;

ожидание, которое относится к времени ожидания людей или деталей в течение производственного цикла;

движение, что означает бесполезные перемещения людей или материала во время производственного процесса (движение операторов);

транспортировка, которая представляет собой бесполезное перемещение людей или материалов между производственными процессами (перемещение объектов);

изготовление бракованной продукции, что включает в себя дефектные изделия, недостатки, повторения и исправления в процессе производства;

дополнительная обработка, то есть обработка сверх уровня, требуемого клиентом;

неиспользуемые таланты, что соответствует навыкам, которые используются плохо или не используются вообще, в основном из-за отсутствия обучения или гибкости у персонала.

ТЕОРИЯ

VSM И СОЗДАНИЕ СТОИМОСТИ

Для того чтобы понять концепцию VSM, мы можем начать с определения трех ее компонентов: ценности, потока и отображения.

Значение

Цепочка создания стоимости была введена в 1985 году американским профессором бизнес-стратегии Майклом Портером (родился в 1947 году) и направлена на создание конкурентного преимущества. Она основана на анализе внутренних процессов и процедур компании. Таким образом, каждое действие в цепочке должно привести к восприятию того, что для конечного потребителя была создана ценность (удовлетворение), что может проявляться в увеличении оборота компании. Если термин "ценность" относится к оценке суммы, которую клиенты готовы заплатить за получение продукта или использование услуги, то действия, представленные в картировании потока создания ценности, могут быть описаны как "добавляющие ценность" или "не добавляющие ценность".

- Этапы **создания ценности** включают все виды деятельности, которые повышают (рыночную или функциональную) ценность продукта в глазах клиента; другими словами, те виды деятельности, за которые клиент готов платить.

- Этапы, **не добавляющие ценности,** – это действия, которые не приносят никакой ценности продукту, что делает их источниками отходов. Хотя все менеджеры стремятся избавиться от этих этапов, некоторых из них невозможно избежать (без крупных инвестиций).

Цель VSM – выявить процессы, в которых на создание ценности тратится мало времени по отношению к общему количеству времени, отведенному на работу (время выполнения). Необходимо определить улучшения, которые следует применить к процессу в целом, чтобы увеличить долю создания ценности.

Поток

VSM обобщает все действия в цепочке поставок продукта или услуги, доводя ее от начального состояния (А) до ценностного предложения (В). Она состоит из серии процессов, изложенных на основе временной шкалы, соответствующей времени опережения, то есть времени между инициацией и выполнением процесса (А-В).

Три категории процессов могут быть рассмотрены в VSM:

- **руководящие процессы** (управление, стратегия, контроль качества, окружающая среда, безопасность, финансы и так далее);

- **операционные процессы** (производство, проектирование, разработка, отгрузка и так далее);

- **вспомогательные процессы** (закупки, управление персоналом и так далее).

Составление карты

Картирование – это четкий, простой способ визуального представления функционирования бизнеса (при производстве продукта или разработке услуги). Этот инструмент нацелен на работу с целым, а не только с изолированной частью. Это означает, что анализ фокусируется не на уровне станка в производственной линии, а на уровне производственной линии в целом.

Карта всегда должна быть упорядочена с помощью значков и должна соответствовать заданным стандартам, чтобы она была понятна всем участникам. Она организована на основе трех основных типов действий:

* информационный поток,

* материальный поток,

* цифры.

 # С ЧЕГО НАЧАТЬ?

Метод включает в себя следующие шаги:

следование процессу производства продукта, начиная с клиента (потребности) и заканчивая поставщиком;

визуально представляя каждое действие в материальном и информационном потоке;

размышление над ключевыми моментами и составление будущей цепочки создания стоимости.

VSM И ЕГО ПРЕИМУЩЕСТВА

Существует несколько преимуществ использования VSM в качестве инструмента:

* предлагает простой, поперечный обзор всего процесса;

* включает в себя всю информацию, необходимую для визуального понимания двух типов потока (информационного и материального);

* определяет признаки и причины возникновения отходов;

* координирует язык, используемый для обсуждения процесса, благодаря стандартизированным значкам и правилам, что облегчает командную работу (анализ, выявление областей для улучшения, изложение идей и так далее).

В более широком смысле картирование потоков создания ценности способствует демонстрации создания ценности и решению проблем. Оно устанавливает эффективный, последовательный и сквозной диалог между различными подразделениями компании и способствует развитию культуры совершенства.

ПРАКТИЧЕСКОЕ ПРИМЕНЕНИЕ

ЛУЧШИЕ ПРАКТИКИ – ШАГИ

VSM является частью подхода DMAIC (Define, Measure, Analyse, Improve, Control), поскольку составление карты не является самоцелью: это лишь первый этап классического исследования по улучшению цепочки создания стоимости.

Шаг 1: Определение семейства продуктов

Прежде чем приступить к картированию потока создания ценности, необходимо выбрать семейство продуктов для анализа. Поскольку шансы на успех вашего подхода зависят от этого выбора, вам следует уделить ему много внимания.

Чтобы остановить участок работы, необходимо знать возможные текущие проблемы и их влияние. Например, вы можете использовать диаграмму Парето (диаграмма, которая представляет важность различных причин какого-либо явления; цель здесь – очертить рабочую зону для проведения VSM) или спросить руководителей различных отделов (например, начальника производства или директора). Основные вопросы, которые вы должны задать себе, следующие:

- Какой объем оборота приходится на это семейство продуктов?

- Каковы потери, вызванные этими продуктами?

- Каковы шансы на успех картирования потока создания стоимости? (Не выбирайте слишком сложную или слишком простую область; не беритесь за анализ всего производства в вашей компании или, наоборот, за анализ одного, слишком простого отдела).

- Какова стратегия производства?

 **N.B.**

Не удивляйтесь, если вас попросят изучить процессы семейства продуктов, которые приносят небольшой доход. Это может оказаться разумным шагом, если оно несет большие убытки.

Шаг 2: Создание VSM текущего состояния

Для того чтобы создать новую, улучшенную версию карты цепочки создания стоимости семейства продуктов, первое, что вам нужно сделать, — это получить точное представление о текущей ситуации и нанести ее на карту. Как все работает сейчас? Кто и что делает? Сколько времени на это уходит? Как различные службы взаимодействуют друг с другом? Каковы обязанности и особенности каждой позиции в цепочке? Ниже подробно рассматриваются различные этапы составления карты. Цель состоит в том, чтобы оценить материальные и информационные потоки, попытаться понять текущее функционирование цеха или отдела, рассчитать время выполнения заказа и понять источники и причины отходов.

- **Фаза ноль: подготовка**

  - Начните с наблюдения за деятельностью завода или службы.

  - Соберите точную, актуальную информацию от имени человека, которому нужна эта ВСМ. При необходимости проведите измерения на местности с помощью таймера, работая по контуру сырья и информации.

  - Начните свой маршрут с клиента и проделайте обратный путь через производственный процесс. Составьте список процессов, которые наиболее тесно связаны с конечным потребителем, чтобы определить, что для него абсолютно полезно.

  - Набросайте эскиз от руки на одной стороне листа бумаги формата А3 или А4.

- **Первый этап: клиент**

  - Напишите "клиент" в правом верхнем углу.

- **Второй этап: процесс производства**

  - Используйте значок "процесс" (материал, с которым проводятся операции) и:

    - группировать позиции, принадлежащие одному процессу, под одной иконкой;

    - включите важную информацию о процессе в поле ниже (например, время цикла, время добавления стоимости, период времени, время производственных изменений, количество каждой детали в час, доступное рабочее время и так далее).

  - Используйте значок "акции".

- **Третий этап: поставщик**

  - Напишите "поставщик" в левом верхнем углу.

  - Укажите частоту и способ доставки (в виде информации рядом с поставщиком):

    - большая стрелка указывает на первичную поставку между двумя заводами;

    - грузовик (или лодка, самолет и так далее) указывает на способ доставки.

- **Четвертый этап: информация**

  - Проведите прямую линию для физических информационных потоков (например, по почте) или зигзагообразную линию для электронных информационных потоков.

  - Укажите частоту (отправки или передачи) в поле сбоку.

  - Укажите режим (интернет, бумага и так далее):

    - режим push, который основан на прогнозе потребностей для процесса, расположенного ниже по течению, часто приводит к промежуточным запасам между процессами;

    - режим вытягивания, который представляет собой производственный запрос от нисходящего процесса к восходящему процессу, сокращает количество изделий в производстве.

- **Пятый этап: график**

  - Проведите линию под ячейками производственного процесса и значками запасов, чтобы рассчитать время выполнения заказа, то есть все время, затраченное на каждый этап (соответствующее времени обработки) и время хранения.

- **Шестой этап: составление карты цепочки создания стоимости завершено**

  - После того, как карта текущей ситуации завершена, начните анализировать и замечать области, в которых имеются потери, и намечайте возможные улучшения, чтобы создать VSM будущего состояния, к которому вы стремитесь.

Шаг 3: Анализ

После завершения этого этапа необходимо провести детальный анализ и наблюдение за материальными и информационными потоками, чтобы определить, что работает эффективно, а что не очень. Этот этап особенно важен, поскольку он позволяет выявить потери и области для улучшения. Убедитесь, что вы вовлекаете в процесс нужных людей: будь то руководители служб, участники процесса или менеджеры проекта, которые будут контролировать переход, они должны быть открыты для улучшений и изменений.

Это упражнение должно быть хорошо подготовлено и хорошо представлено, чтобы не торопить людей, чья работа включена в VSM. Цель состоит в том, чтобы показать им, что можно сделать их работу более прибыльной и создать большую ценность для клиентов, как внутренних, так и внешних. Как правило, простое принятие во внимание основных факторов улучшения, приведенных ниже, повлияет на конечный результат:

- производство точно в срок;

- общее внедрение непрерывного потока везде, где это возможно, с целью сокращения или даже устранения запасов, или введение супермаркетов (промежуточных запасов, управляемых партиями Канбан);

- группировка всей информации о заказе клиента в один процесс (известный как "процесс кардиостимулятора"), который направляет другие процессы.

Шаг 4: Создание VSM идеального состояния

Вооружившись своими наблюдениями и запланированными мерами, на этом этапе вы сможете составить карту с подробным описанием возможностей для улучшения, выявленных ранее. Конечной целью VSM идеального состояния является сокращение времени, не добавляющего ценности, таким образом, чтобы общее время было как можно ближе к времени, добавляющему ценность. Как правило, на составление VSM текущего состояния и идеального состояния уходит от трех до пяти рабочих дней.

Шаг 5: Определение плана действий

Для каждого изменения команда, отвечающая за проект, организует план действий. Будет важно количественно оценить связанные с ним выгоды и решения (затраты/ресурсы), чтобы убедить высшее руководство в необходимости предусмотренных действий и обеспечить их утверждение. Реализация плана действий может занять несколько месяцев или даже несколько лет.

После того как бюджет утвержден, проведено управление рисками и остановлена организация, наступает время приводить план в действие. Это включает в себя разработку, принятие, обучение сотрудников и управление изменениями.

РЕКОМЕНДАЦИИ

Есть две основные области, на которые следует обратить особое внимание: организация команды и методология.

Если VSM будет плохо понята, это приведет к потере времени.

ТЕМАТИЧЕСКОЕ ИССЛЕДОВАНИЕ

Мы сосредоточимся на текущем состоянии VSM вымышленной компании Forest LPC, которая производит мебель. Семейство продуктов, которое мы изучаем в этом упражнении, – табуреты.

Первый этап: клиент

- Клиент размещается в правом верхнем углу.

Вторая фаза: Процесс производства

- Этот этап включает в себя четыре процесса: покраска, сборка, упаковка и отгрузка.

- Наряду с каждым процессом указываются рабочие места и важная информация (время цикла, время переналадки или переналадки станка для производства другого продукта, смены и так далее).

- Также заполняются промежуточные запасы на каждом этапе.

Третий этап: Поставщик

- Поставщик указан в левом верхнем углу.

- Еженедельная доставка осуществляется на грузовом автомобиле.

Четвертая фаза: Информация

- Еженедельные прогнозы спроса отправляются заказчиком в компанию по электронной почте.

- Заказы передаются поставщику по факсу.

- Для каждой внутренней должности в компании составляется еженедельное расписание.

- Тогда информационные и физические (или материальные) потоки будут четко представлены.

Пятая фаза: График

- Под блоками производственных процессов и значками акций добавляется временная шкала.

- Время выполнения процесса составляет 19 дней, а время обработки — 365 секунд.

Шестой этап: VSM завершена

Таким образом, составление карты текущей ситуации завершено. Настало время проанализировать ее, заметить области, в которых имеются потери, и определить возможные улучшения. Мы можем перечислить следующие источники улучшений, включив их в диаграмму, что позволит нам подготовить карту целевой ситуации:

- планирование на основе еженедельных заказов клиентов вместо прогнозов;

- создание системы "тяни-толкай" для планирования производства;

- создание супермаркета непосредственно перед началом покраски;

- устранение отказов от живописи;

- объединение процессов упаковки и транспортировки.

ВЛИЯНИЕ

ОГРАНИЧЕНИЯ И КРИТИКА

Наряду с многочисленными преимуществами, картирование потока создания стоимости имеет и некоторые ограничения.

- **Возможные ошибки при составлении карты.**

  - Из-за неправильного сбора, расшифровки или анализа данных могут вкрасться ошибки. Чтобы избежать этого, используйте экспертов, способных объективно взглянуть на ситуацию, и междисциплинарные команды.

  - Всегда обращайте внимание на то, что вы анализируете, потому что некоторые процессы не нуждаются в пересмотре.

- **Это всего лишь инструмент.** Картирование потока создания стоимости не является самоцелью; оно выявляет проблемы в компании, помогает пользователям задуматься и, прежде всего, должно привести к действиям. Нет смысла анализировать, если вы не разработаете план действий! Убедитесь, что вы не увязли на этапе анализа. Более того, если над проектами по бережливому производству работают разные группы, вам следует позаботиться об их координации, чтобы получить максимальную отдачу от всех проектов.

- **Пренебрежение человеческими и социальными аспектами.** VSM – это технический инструмент, который имеет дело только с физическими аспектами, взаимодействием и направлением потоков. Он не включает в себя социальные, человеческие и организационные аспекты, которые, тем не менее, очень важны в бережливом проекте. Эта тенденция еще более заметна в промышленном секторе, где менеджеры очень сосредоточены на технической стороне вещей, но менее склонны думать о человеческих проблемах.

- **Ограниченное использование стандартизированных символов.** Существующие символы могут сдерживать поиск инновационных решений. Однако инновации становятся все более необходимыми для компаний, которые пытаются сохранить конкурентоспособность.

СВЯЗАННЫЕ МОДЕЛИ И РАСШИРЕНИЯ

DMAIC

Модель DMAIC (Define, Measure, Analyse, Improve, Control) – это структурированный подход, который позволяет пользователям решать проблемы. Она предоставляет команде непрерывного совершенствования пятиступенчатую базу для работы. В этом мощном методе бережливого управления проектами этап определения является ключевым.

- Определить: определение объекта исследования и описание цели работы, которую предстоит выполнить команде.

- Измерение: сбор информации для составления карты процессов и определения показателей эффективности для эффективного мониторинга проекта.

- Анализ: выявление причин возникновения проблем и анализ их источников.

- Улучшение: предложение решений, планирование действий, реализация выбранных мер.

- Контроль: сравнение ожидаемых эффектов и результатов, полученных после внедрения решений, общение по проекту, обзор для составления выводов.

Бережливое производство

Этот хорошо известный метод устранения отходов требует определенного коллективного разума для достижения убедительных результатов: команды, работающие над этим бережливым проектом, должны быть мотивированы, скоординированы и полны решимости найти решения. Пять ключевых элементов таковы:

определение добавленной стоимости с точки зрения клиента;

- определение цепочки создания стоимости с учетом различных этапов производства;

- особое внимание к потокам, следя за тем, чтобы этапы создания добавленной стоимости не останавливались;

- тянущих потоков, отдавая приоритет заказам клиентов, а не прогнозам;

- совершенства путем постановки амбициозных целей и внедрения динамики постоянного совершенствования.

Кайдзен

Кайдзен в переводе с японского означает "постоянное улучшение" и основывается на небольших улучшениях, вносимых ежедневно, при участии всех людей, вовлеченных в процесс, и приложении необходимых усилий.

Кайдзен не сразу приводит к впечатляющим результатам, поскольку внедряется медленно, но в долгосрочной перспективе он часто оказывается гораздо более эффективным. Его можно противопоставить инновациям, которые требуют крупных инвестиций и предполагают внезапные изменения.

SIPOC

Этот инструмент моделирования предполагает составление общей таблицы макрофункционирования данного процесса. Диаграмма SIPOC (Suppliers, Inputs, Process, Outputs, Customers) позволяет пользователям определить границы макропроцесса, обобщить входы и выходы и определить поставщиков и клиентов. Но будьте осторожны: она представляет только материальные потоки.

РЕЗЮМЕ

- VSM является ключевым инструментом бережливого производства. Он направлен на выявление источников отходов в цепочке создания стоимости для данного семейства продуктов.

- Сегодня VSM используется во всех областях промышленности, поскольку отвечает всеобщей и растущей потребности в снижении производственных затрат.

- Хорошая идея — начать бережливую трансформацию с картирования потока создания ценности. Вам необходимо знать не только различные этапы, но и лучшие практики, чтобы обеспечить четкое представление о процедурах, из которых состоит компания.

- VSM текущего состояния и идеального состояния являются частью метода непрерывного совершенствования. Этот метод используется не только для описания текущей ситуации, но и для того, чтобы представить и создать более эффективную, более отзывчивую, менее затратную и более скоординированную будущую ситуацию. Диаграмма информационных и материальных потоков позволяет пользователям решать сразу два вопроса: сокращение отходов и улучшение условий труда.

- Контекст организации вокруг проекта имеет большое значение для обеспечения его успеха. Многопрофильные команды, включающие людей, как можно ближе стоящих к делу, и твердая приверженность высшего руководства являются ключевыми факторами в этом подходе к изменениям.

- Наконец, важно также знать об ограничениях этого метода. В частности, VSM не фокусируется на анализе социальных, психологических и организационных аспектов.

- VSM является одним из наиболее широко используемых методов благодаря простоте применения и эффективности, побуждающей пользователей к размышлениям.

ДАЛЬНЕЙШЕЕ ЧТЕНИЕ

БИБЛИОГРАФИЯ

Дэвис, Дж. (2006) *Бережливое производство*. Нью-Йорк: Industrial Press.

Fouque, F. (2009) *À la découverte du Lean Six Sigma*. Mions: Édition Fouque.

Hohmann, C. (2009) *Techniques de productivité. Comment gagner des points de performance pour les managers et les encadrants*. Paris: Éditions Eyrolles.

Хохманн, К. (Без даты) Бережливое предприятие. *Christian. Hohmann.fr*. [Online]. [Accessed 26 July 2017]. Available from: < http://christian.hohmann.free.fr/index.php/lean-entreprise>.

Институт бережливого предпринимательства. (Без даты) Что такое Lean? *Lean.org*. [Online]. [Accessed 26 July 2017]. Available from: < https://www.lean.org/whatslean/>.

Охно, Т. (1988) *Производственная система Toyota: За пределами крупномасштабного производства*. Нью-Йорк: Productivity Press.

Портер, М. Е. (1985) *Конкурентное преимущество: Создание и поддержание превосходных результатов*. Нью-Йорк: Free Press.

Ротер, М. и Шук, Дж. (1999) *Учимся видеть*. Нью-Йорк: Productivity Press.

Субраманиам, А. (2010) VSM – настоящее и будущее: Как максимизировать общий поток? *SlideShare*. [Online]. [Accessed 26 July 2017]. Доступно по адресу: < https://fr.slideshare.net/anandsubramaniam/vsm-current-future>.

Вомак, Дж. П. и Джонс, Дж. Т. (1996) *Бережливое мышление*. Нью-Йорк: Free Press.

ДОПОЛНИТЕЛЬНЫЕ ИСТОЧНИКИ

Веб-сайт Conceptdraw: http://conceptdraw.com/samples/quality-VSM

Веб-сайт "Маррис Консалтинг": http://www.marris-consulting.com/

Веб-сайт Strategos: http://www.strategosinc.com/

ВИДЕО

The Karen Martin Group. (2014) *Value Stream Mapping: Case Studies*. [Online]. [Accessed 26 July 2017]. Доступно по адресу: < https://www.youtube.com/watch?v=ZPNq5k24vgY&feature=youtu.be>.

Мы хотим услышать от вас!
Оставьте комментарий о вашей онлайн-библиотеке
и поделитесь своими любимыми книгами в социальных сетях!

MASLOW'S HIERARCHY OF NEEDS
Personal accomplishment
Esteem
Belonging
Security
Physiologic
THE SWOT ANALYSIS
Strengths
Weaknesses
SWOT
Opportunities
Threats

Мастер ISBN: 9782808601429

Бумажный ISBN: 9782808602877

Легальный депозит: D/2022/12603/288

Цифровое оформление: Primento,
цифровой партнер издателей.